AF500460

CONNOISSANCE PLVS PARTICVLIERE DV NOVVEAV THRESOR APPORTÉ DE ROME EN CETTE VILLE DE CAEN, OV DISCOVRS SVR CE QVI SE TROVVE CHEZ LES ANCIENS AVTHEVRS DE LA BIEN-HEVREVSE SAINTE THEODORE VIERGE ET MARTYRE ROMAINE.

Dont les Reliques transferées de Rome, ſont honorées dans la Chappelle du Monaſtere de Sainte Vrſule.

Dedié aux Dames de ce Monaſtere.

Par M. G MARCEL Preſtre, & Curé de Baſly.

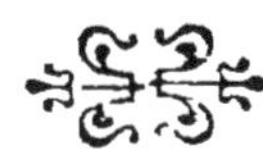

A CAEN,
Chez CLAVDE LE BLANC. 1658.
AVEC APPROBATION.

AVX DAMES RELIGIEVSES DE S^TE. VRSVLE DE CAEN.

MES RELIGIEVSES DAMES,

Ne le trouuerez-vous point mauuais, que ie vueille encor disposer de ce qui n'est déja plus à moy, & que j'offre à tout le monde, ce que ie n'auois entrepris que pour vôtre satisfaction, & pour vôtre vsage particulier? Il est vray que cet Amy considerable pour sa vertu encor plus que pour sa naissance, par qui vous me mîtes la plume à la main, il y a déja cinq ou ſix mois, m'auoit deſlors menacé que vous le porteriez plus loin, & que c'eſtoit pour commencer à donner plus de connoiſſance à toute la Ville de Caen, du nouueau Threſor qu'elle poſsede par la liberalité du S. Siege enuers vôtre pieux Monaſtere, que vous m'impoſiez cet employ. Mais comme ie ne croyois pas que ie pûſse y reuſsir, ſur tout en quinze jours de temps, que j'obtins à peine pour cela, ie ne me propoſois autre choſe pour but de ce petit trauail, que la joye de luy complaire, & l'honneur de vous obeïr. Cependant, MES DAMES, *ie ne ſçay comment il vous plut auſsi bien qu'à luy, d'en faire vn autre jugement, & les defauts que mon peu d'adreſse & la precipitation me firent laiſser neceſ-*

ſairement dans vn Ouurage dont cet Amy ſçait que pour compoſer les dernieres Pages, il m'enferma comme dans vn cercle, & ne me donna que le temps qu'il luy falloit pour faire vne Lettre; Ces *defauts, dis-je, ne pûrent me rendre le bon office que i'en attendois, de vous faire au moins changer le deßein de luy faire voir la lumiere, & de le donner vn jour au public. Mais cela eſtant de la ſorte, & quelque intereſt que i'y puis auoir, ne meritant pas d'être opposé à vôtre reſolution, encor vne fois,* MES DAMES, *ne le trouuerez-vous point mauuais, & n'eſt-il pas en effet étrange que ie vueille icy vous preuenir, & faire moy-meſme ce maigre preſent? Car eſt-ce que ie ne ſçay pas qu'il auroit eu bien meilleure grace & qu'il ſeroit beaucoup mieux receu, s'il venöit de vôtre part? Eſt-ce que ie ne ſçay pas qu'il tireroit de ſi bonnes mains le prix qu'il ne peut attendre des miennes; Que le reſpect qu'on auroit pour ce que vous auoüeriez, me concilieroit mes Lecteurs, & obtiendroit d'eux en ma faueur toute l'indulgence dont i'auray beſoin, & que ie ne puis pas leur demander auec le meſme ſuccez?... Non,* MES DAMES, *ce n'eſt pas que ie ne ſçache bien tout cela, ie connois ces auantages, ie les eſtime & ie les cheris; Mais voicy ce qui m'empêche de m'en vouloir pourtant preualoir. S'il faut donc que ie rougiſſe deuant d'autres encore que vous, de n'apporter que ſi peu de choſe d'vn ſuiet ou ie me figure qu'on n'attendoit rien du tout, ou qu'on n'attendoit rien de mediocre; Du moins ne veux-ie point perdre le ſeul auantage que i'y voy, & qui ſeul auſsi eſt capable de recompenſer ma confuſion. C'eſt la connoiſsance de mes fautes & des manquemens de cet Ouurage pour m'en corriger en quelqu'autre. Or ie ne la puis mieux auoir que par vne cenſure d'autant plus ſincere, qu'aucune conſideration n'en affoiblira la liberté. Cependant la voſtre,* MES DAMES, *en diminueroit l'exactitude, & par conſequẽt mon inſtruction. C'eſt pourquoy comme i'ay ſujet de la deſirer toute entiere, Quelque gloire qui me reuinſt de l'adueu que vous deuiés faire à vn Ouurage (où en effet ie n'auois garde de penſer ſi vous ne me l'eussiez ordonné.) Ne vaut-il pas mieux que pour ce coup ie me priue de celle-cy, que de perdre par la faueur qu'on m'auroit faite pour l'amour de vous, vne bonne partie du profit que ie me promets de celle-là? Comme donc ie fais estat que le iugement du Public me sera d'autant plus vtile qu'il me sera plus seuere, ie ne voulois pas mesme rechercher l'Approbation des Docteurs pour le fonds de cet Ouurage, afin qu'auec moins de scrupule, chacun en peust reprendre la forme, & me faire vne charité dont ie suis tres-disposé à tâcher de me bien seruir. Mais comme ie n'ay pas dû l'omettre, par d'autres considerations, C'est du moins celle-là,* MES DAMES, *qui m'oblige à vous épargner le reproche que ie prens ſur moy d'vne liberalité ſi chetiue & ſi peu digne de vous. Que s'il y a du deſauantage à chercher par cette voye vne inſtruction qui m'eſt neceſſaire, Vous la prendrez, s'il vous plaiſt, pour vne marque d'autant plus certaine & plus aſſeurée de mes reſpects, puiſque c'eſt dans le deſſein de me rendre vn iour plus capable de meriter la qualité de*

MES RELIGIEVSES DAMES,

Voſtre tres-humble & obeïſſant
Seruiteur G. MARCEL.

DISCOVRS SVR CE QVI SE TROVVE CHEZ LES ANCIENS AVTHEVRS, DE LA BIEN-HEVREVSE SAINTE THEODORE, VIERGE ET MARTYRE ROMAINE.

CE n'eſt pas ſeulement aux yeux de Dieu que la mort des Saints eſt pretieuſe; elle eſt encore digne de loüange & digne d'honneur aux yeux des hómes. Ce n'eſt pas ſeulement pour eux-meſmes que celle des Martyrs eſt auantageuſe; elle l'eſt encor pour toute l'Egliſe. Et ce n'eſt pas enfin ſeulement pour ceux qui ont vêcu de leur temps, ou qui ont eſté les ſpectateurs de leurs combats & de leurs victoires, que l'exemple de leur vertu & de leur courage a esté vtile, il profite encor maintenant & profitera jusqu'à la fin aux Fidelles de tous les siecles. Cette force & cette efficace qui a fait dire à Tertullien, que le Sang répandu des Martyrs en estoit comme vne semence, ne va point se ralentissant par la longueur des années; elle subsiste, elle continuë & perseuere sans déchet, dedans quelque differen-ce & quelque éloignement de temps que ce soit; Et quoy que les choses soient changées, quoy qu'il n'y ait plus ny Tyrans ny bourreaux à redouter, Comme le Chrestien neantmoins n'est jamais tout à fait sans guerre & sans occasion de martyre, Lors qu'vne ame est bien disposée par l'operation de la grace & par vne sainte emulation, ce germe fecond des grands desseins & des belles resolutions, y trouue encore tous les jours dequoy deployer toute ſa vigueur.

Et de fait, quand nous les liſons, ces exemples heroïques & ces geſtes memorables, quand ils nous font reſſouuenir comment nos Aînez ont eſté ſauuez, & combien ces premiers Soldats de la milice Chreſtienne ont eſſuyé de trauaux, pour cueillir enfin ces Lauriers qui les couronnent dans le Ciel; vne douce confuſion ne ſaiſit-elle pas nos penſées, noſtre cœur ne deuient il pas tout ardent au milieu de nous, ne ſe fait-il pas des reproches de ſa propre lâcheté, & qu'il y a de l'impudence auſſi bien que de l'injuſtice d'auoir encor maintenant les meſmes pretentions, & n'auoir plus rien du meſme courage? Oüy, comme ſi les characteres qui nous repreſentẽt leurs belles Vies, eſtoient tracez auecque leur Sang, & que ce genereux Sang Chreſtien fumât encore en cette écriture, la chaleur en paſſe dans l'ame &

dans le cœur de ceux qui les liſent, & y tranſportant le meſme feu dont il eſtoit jadis animé, ſi elle n'y allume vne ſainte ardeur de ſe ſignaler à leur exemple, elle fait du moins rougir de honte, de ce qu'ayant donné parole au Bapteſme, & comme preſté le ſerment auecque tant de ſolennité, pour des occaſions s'il ſe peut, encore plus redoutables, nous nous rendions pourtant lâchement, & manquions de fidelité, meſme en ces occaſions plus faciles, ou n'ayant que le deſordre de nos paſſions à combattre, on peut remporter la victoire ſans qu'il nous en coûte de Sang, & ſans mettre nos vies en danger.

Quand donc il n'y fuſt pas allé de la gloire meſme de celuy pour qui ces Heros des premiers ſiecles & du premier aage du Chriſtianiſme ont ainſi ſouffert toutes choſes ; Quand ſon intereſt n'euſt point eſté que les ſpectateurs de leurs combats s'en rendiſſent les Hiſtoriens, pour le faire loüer en ces Saints & Illuſtres témoins de ſon Nom; Quand meſmes d'ailleurs la Religion & la pieté des Fidelles n'auroit pas dû ces marques d'honneur & ce témoignage de reſpect au merite & à la vertu de leurs Freres victorienx, & qu'vn juſte zele de leur gloire ne leur euſt pas impoſé cette pieuſe obligation de tranſmettre auec eloge à toute la Poſterité la memoire venerable de leur confeſſion & de leur martyre : L'eclat du moins & l'authorité de ces grands & fameux exemples eſtoit certes d'vne conſequence trop auantageuſe & trop importante à l'edification publique, pour ne les faire pas deſlors recueillir auec tout le ſoin poſſible, afin d'eſtre enſuite propoſez dans tous les temps & dans tous les aages, comme pour ſeruir d'aiguillon aux foibles & aux puſillanimes, de reproche aux lâches

& aux faineants, de modelle aux vertueux, de condamnation aux méchans, & d'instruction à tout le monde.

Aussi par ce triple motif, & de rendre graces à Dieu, qui leur auoit donné la victoire, & de faire honneur à ces saints Athletes, qui auoient si bien combattu, & d'inspirer enfin du courage à tout le reste de l'armée par l'exemple de la valeur & des grands exploits de ces Braues, Si tost que le monde alarmé fist briller le fer & le feu pour exterminer l'Euangile, & que les premiers Chrestiens ne firent bouclier que de leurs corps pour son maintien & pour sa deffense; Pour ne rien perdre des beaux faits de cette guerre vrayement sainte, on deputa d'abord sagement des plumes soigneuses & fidelles qui dressassent des Commentaires de tout ce que chaque jour produiroit de plus memorable dans les diuerses mêlées & rencontres, & qui volant par les priſons,les amphitheatres& les echaffauts. qui eſtoient les champs de bataille, y recueilliſſent ce Sang precieux auecque lequel la foy ſe plantoit, & de tant d'inſtrumens differens de leurs geſnes & de leurs ſupplices, erigeaſſent comme des trophées à la gloire de ces heureux morts qui venoient de les ſurmonter, & des monumens eternels qui ſolicitaſſent au meſme deuoir ceux qui reſtoient encor dans la lice.

Or comme ce fut à Rome que l'impieté plus puiſſante fit auſſi de plus grands rauages, & que les Fidelles plus perſecutez gaignerent auſſi plus de Couronnes; Ce fut encor en ce meſme lieu que par la ſage conduite des Papes ce bon ordre fut étably auec plus de neceſſité, & gardé auſſi auec plus de ſoin & auecque plus d'vtilité. Car pour plus grande facilité d'vn Recueil ſi neceſſaire en cette ſpacieuſe Ville, on commit exprez, ſelon les quartiers eſquels elle estoit diuisée, des personnes irreprochables, qui écriuant exactement ce qu'ils auroient veu ou entendu de tant de combats differens des Saints, & des circonstances de leur Martyre chacun dedans son district, ne souffrissent pas que rien se perdist dans l'obscurité & dans l'oubly, de ce qui rendoit tant d'honneur au Ciel, & de ce qui pouuoit justemẽt causer tant d'admiration à la Terre.

Mais auec quelque diligence & quelque fidelité que ces pieux Historiens & Notaires Apostoliques s'appliquassent à ce saint employ, Il ne se pût faire pourtant que le nombre & la multitude n'en dérobât deslors beaucoup à leur soin; Comme du depuis diuers accidens ont pû nous priuer de la connoissance d'vne partie mesme de ceux dont ils nous auoient consigné les gestes auecque plus de sincerité. Car outre que ces memoires & ces registres

pretieux

pretieux tomboient quelquesfois en des mains ſuſpectes, ou en des mains negligentes & mal ſoigneuſes de les conſeruer ; D'ailleurs,comme la cruauté & la rage des Tyrans ne s'aſſouuiſſoit point en leur Sang, mais qu'elle paſſoit apres leur mort juſques à ces reſtes pitoyables, qu'ils n'auoient pû conſumer auecque le fer & le feu, comme ils en vouloient dis-je, abolir juſqu'aux dernieres reliques, & en éteindre juſqu'au Nom : Si ces papiers reſpectueux qui en conſeruoient la memoire, tomboient par hazard en leur pouuoir, ils n'auoient garde de les épargner, ny de ſouffrir que ces monumens non moins de leur iniuſtice & de leur impieté, que de l'innocence & du merite de ceux qu'ils auoient perſecutés, paruinſſent iuſques à nous, & leur pûſſent faire vn iour lenr procés auprés de la poſterité.

Ainſi, comme a dit vn grand Politique en vne autre occaſion, *Non in ipſos modo auctores, ſed in libros quoque ſæuîtum*; On ne recherchoit pas ſeulement les Autheurs, pour leur faire vn crime du bon office que leur pieté auoit oſé rendre au merite des Martyrs, mais l'injuſte rigueur des Loix s'étendant meſme ſur ces ſaints Ouurages, on les laçeroit, on les brûloit, on les ſupprimoit en toutes façons, de peur qu'en dépit de leurs Bourreaux, ces nobles & heureux maſſacrez, pour recompenſe de la vie qu'on leur auoit arrachée ſur les roües & les cheualets, n'en rencontraſſent vne ſeconde par le moyen de ces écrits, & que l'Egliſe leur mere, au milieu du dueil de leur perte, ne pûſt s'appliquer meſme en ce ſens, la conſolation d'vn Prophete, *Mortui mei viuent, interfecti tui reſurgent.* Iſ. 26.

C'eſt de là ſans doute qu'eſt venu qu'il y a tout plein de Saints, dont nous ſçauons ſi peu de choſe, & qu'il y en a mesme beaucoup, dont nous ne sçauons rien du tout. Comme en quelque grande bataille, il se fait en diuers endroits beaucoup de belles actions, qui ne sont pourtant point remarquées dans la fumée & dans la poussiere: De mesme, dans la multitude & ce nombre presque infiny de personnes de tout aage, de tout sexe & de tout rang, qui ont combattu pour la defense & pour le maintien de la Foy, il y en a dont les circonstances & particularitez du Martyre ont pû échapper à la diligence de ceux à qui appartenoit le soin de les recueillir; Et il y en a beaucoup dauantage dont la Politique des Tyrans nous a exprez dérobé l'histoire, par vne fausse presomption qu'en abolissant leur memoire, ils feroient perir par mesme moyen celle de la Religion, pour laquelle ils auoient souffert, comme l'Empereur Adrian, en profanant les lieux Saints de la Naissance, de la

Mort & Reſurrection du Sauueur par des Idoles qu'il y fiſt placer, & qui meſme y demeurerent juſqu'au temps du grand Conſtantin, s'étoit vainement imaginé qu'il en éteindroit enfin le Nom, la Diuinité & la Croyance.

Mais quoy qu'il en ſoit, & de quelque ſorte que cela ſoit arriué à ces preux & à ces braues, qui triomphent maintenant auec le Prince de paix, dont ils ſoûtenoient pour lors la querelle, cette injure au bout leur eſt peu ſenſible & peu prejudiciable; Puiſque ſi leurs Noms nous ſont inconnus, & s'ils ne ſe trouuent point marquez dans nos Annales & dans nos Hiſtoires, il leur ſuffit qu'ils les voyent écrits dedans le Liure de vie, & dedans les faſtes de l'eternité; S'ils ne reçoiuent pas nos Eloges, il leur ſuffit qu'ils ſoient honorez & qu'ils ſoient loüez de Dieu meſme, qui ſe rend leur Panegyriſte; Et cette obſcurité d'ailleurs & ce ſilence profond qui les couure, & qui nous oste la connoissance de tant de vertus qu'ils ont pratiquées, ne laisse pas de nous estre vne belle & grande leçon, pour nous apprendre à nous contenter de n'auoir que Dieu pour témoin lors que nous faisons quelque bien, nous dis-je, qui croyons, ce semble, vne bonne action perduë, quand elle n'a pas les yeux du monde & l'applaudissement du peuple.

C'est donc entre autres par le profit de cette instruction salutaire, qu'il semble que nous puissions aucunement nous consoler de la perte & du regret de n'auoir pas entiere & complette l'histoire des gestes & du martyre de la bien heureuse vierge Theodore, des pretieuses reliques du sacré Corps de laquelle il a plû depuis peu au S. Siege honorer la Ville de Caen par le Monastere de Sainte Vrsule. Il est vray qu'à considerer le rang qu'elle tenoit dans Rome, des plus releuez, apres la maiſon & la famille des Ceſars, comme ſœur du Gouuerneur meſme de cette capitale du monde, & la circonſtance du temps qu'elle ſignala de ſon Sang ſa confeſſion de Foy, qu'on peut dire qui ne fut encor que preſque à la nouueauté de ſon établiſſement, & quelques quatre vingts ans apres que l'Apoſtre S. Pierre l'y vint premierement planter; Il n'y a gueres d'apparence qu'vne conuerſion ſi notable, & qui fit neceſſairement tant de bruit & tant d'éclat, n'euſt pas eſté recueillie, & n'euſt pas eſté publiée, particulierement dans vn temps ou pour démentir le reproche qu'on faiſoit aux Chreſtiens de n'eſtre que la lie du peuple, il eſtoit beſoin de faire valoir l'exemple des perſonnes illuſtres & qualifiées ſelon le ſiecle, qui delaiſſoient tout pour l'embraſſer, & vouloient mourir pour la ſoûtenir.

Ainſi nous auons tout ſujet de croire qu'on ne laiſſa perdre pour lors aucune des circonſtãces qui ſemblât rehauſſer l'éclat du martyre d'vne perſonne d'ailleurs ſi conſiderable. Mais ſoit la cruauté des Tyrans, ſoit celle du temps & des années, qui détruiſent meſme les lieux les plus ſaints, & les choſes les plus venerables, Nous ſommes priuez d'vn Threſor ſi eſtimable & ſi pretieux. Au moins ne nous en reſte-t'il que quelques pieces répanduës, qui comme des fragmens ſeparez de quelque excellente Statuë, nous apprennent par leur beauté la perte & le dommage que c'eſt, de n'auoir pas tout l'ouurage entier. Apres tout, ce peu qui s'en trouue nous en doit eſtre d'autant plus cher; Et comme nous n'euſſions pas laiſſé de receuoir auecque reſpect ce digne & magnifique preſent que Rome nous a enuoyé des Reliques de cette Sainte, quand elles n'euſſent pas eſté entieres;

Auſſi ne deuons-nous pas mépriſer ce que nous pouuons ſçauoir de ſa vie, de ſa mort & de ſes vertus, quoy peut-eſtre que ce n'en ſoit que la plus petite partie,

Vn Ancien me ſemble agreable quād en trois endroits de ſes Ouurages, parlant d'Enée qui fuyoit de Troye au trauers du fer & de la flame, Il emportoit, dit-il auec ſoy deux ſortes de choſes ſacrées, le Palladium & ſes Dieux, qu'il tenoit entre ſes mains, & le bon vieillard Anchiſe ſon Pere, qu'il portoit ſur ſes épaules. *Sacra & ſacra altera, Patrem fert humeris, venerabile onus.* Ie me ſeruiray de ſa penſée & de ſon expreſſion, pour dire qu'entre les Reliques de la Martyre Theodore, qu'on honore dans la Chappelle des Religieuſes Vrſulines, En voicy encor d'vne autre ſorte que j'apporte & que j'expoſe; Les Reliques de ſes vertus, les Reliques de ſon zele & de ſa confeſſion pretieuſe

pretieuse en la bonne odeur de Iesus-Christ; *Sacra & sacra altera* : les vnes & les autres venerables, les vnes & les autres dignes de respect, mais celles-cy, si ie l'ose dire en quelque façon plus vtiles, puis qu'elles doiuent estre l'objet de nostre imitation, & l'exemple du courage & de la fidelité que nous sommes obligez d'auoir pour le seruice de Dieu dans les deuoirs du Christianisme.

Pour en tirer donc ce bon effet de nostre edification, Voicy briéuement ce que les Autheurs les plus approuuez & les plus certains nous rapportent de nostre Sainte.

Elle auoit pris naissance dans Rome, de Parens si considerables, que son frere nommé Hermés, fut honoré de la charge de Prefect & Gouuerneur de cette Reine des Villes; dans vne maison si opulente, si honorable & si magnifique, qu'on y comptoit plus de seruiteurs, qu'il n'y a preſque de ſujets dans les Eſtats de certains Princes; & auec tant d'auantages & tant de graces de corps & d'eſprit, qu'il ſembloit que la Nature euſt entrepris auec la fortune à qui l'obligeroit le plus. Mais pourquoy faire le dénombrement des preſens de l'vne & de l'autre, puiſque ſa plus grande loüange vient du genereux mépris qu'elle en fit, & du courage qu'elle eut de rompre ces differentes attaches, qui ſembloient l'engager au ſiecle, pour ſe donner à Ieſus-Chriſt par la profeſſion de ſa Foy & la croyance de ſon Euangile? On preſume fort probablement que ce fut lors que ſon frere meſme, l'Illuſtre Prefect de Rome Hermés, y fut auſſi conuerty par le ſaint Pape Alexandre, auec ſa nombreuſe famille de douze cens cinquante perſonnes, enſuite d'vn miracle inſigne, qui ayant gagné tant d'ames à Dieu, merite bien d'eſtre raporté.

Nous trouuons donc que ce S. Pontife, le cinq ou ſixiéme ſucceſſeur de l'Apoſtre S. Pierre, & le premier de ſon nom, encor jeune d'ans à la verité, mais d'vne ſageſſe déja conſommée, ſe comporta en ſon miniſtere & au gouuernement de l'Egliſe, auecque tant de prudence & auec tant de bonheur, qu'il fit des conqueſtes tres-conſiderables, par leſquelles amplifiant le Royaume de Ieſus-Chriſt, il ſoûmit heureuſement à l'obeïſſance de ſon Euangile des plus illuſtres & plus ſages teſtes qui fuſſent meſme dans le Senat. Car ſes bónes qualitez luy faiſant trouuer plus d'accez auprés de ces grands Hommes du ſiecle & de ces ſages mondains, ſon zele ſceut ſi bien ménager les lumieres naturelles, dont leur eſprit étoit éclairé, qu'enfin il en diſpoſa beaucoup à receuoir celles de la Foy, & à renoncer aux erreurs dont ils auoient eſté juſqu'à lors malheureuſement aueuglez. Il eſt croyable que Hermés auoit eu part à ces conferences, qui en auoient inſtruit tant d'autres ; Mais ſoit qu'il fuſt plus rebelle aux mouuemens de la grace, ſoit que ſon heure ne fuſt pas venuë, & que pour le bien de pluſieurs autres la Prouidence le voulût reduire par vne voye plus éclatante ; On eût pû pour lors dire de luy ces paroles du Sauueur à l'occaſion du Centenier, *Niſi prodigia & ſigna videritis, non credititis*, Il faut des miracles & des prodiges pour vous obliger de vous rendre. En effet, pour la gueriſon ſpirituelle du Pere, voila qu'il arriue que ſon Fils vnique tombe dangereuſement malade. Hermés qui l'aimoit tendrement, & parce qu'il eſtoit vnique, & parce qu'il eſtoit tres bien nay, & donnoit de belles eſperances, voyant que les Medecins ne luy promettoient rien de leur art, a dans ce beſoin recours à ſes Dieux, leur adreſſe des prieres, leur offre des vœux & des ſacrifices, fait meſme porter le malade juſques deuãt leurs Autels. Mais il y expire en ſa preſence, & laiſſe à ſon Pere deſolé tout ſujet du moins de reconnoiſtre en la grandeur de ſa perte, la foibleſſe & la vanité de ceux qu'il auoit inutilement inuoquez pour le ſecourir.

Comme on reporte ce corps au Palais, la Nourrice de ce jeune homme, par vn tranſport de douleur qui la rendit plus hardie, ou par vn zele de Chreſtienne, qu'elle ne voulut plus cacher, Seigneur, dit elle au Prefect, ſi au lieu d'attendre du ſecours de ces vaines Diuinitez qu'on adore à faux dans le Capitole, on l'euſt porté au ſepulchre des ſeruiteurs du vray Dieu, il ſeroit maintenant en vie, & nous ne ſerions pas dans les larmes. C'eſtoit en quelque façon comme le rendre luy-meſme coupable de ſon malheur, & luy imputer vne perte, pour laquelle diuertir, il n'y auoit rien qu'il n'euſt voulu faire. Il la regarde donc en colere, & croyant trouuer dans l'aueuglement qu'elle ſouffroit depuis quelque temps, vn ſujet de la confondre, S'il y a des lieux, luy dit-il, qui puiſſent ſauuer la vie aux mourans, que n'y eſtes vous allée, afin de recouurer la veuë? Ce reproche ſi preſſant, & le reſpect qu'elle deuoit à la douleur de ſon Maiſtre, ſembloient l'obliger au ſilence: Mais Dieu qui l'auoit fait parler, luy mît encore la replique & la repartie en la bouche. S'il ne tient qu'à cela, Seigneur, & s'il faut ſeulement que ie voye, afin que vous voyiez vous-meſme voſtre propre aueuglement, bien plus dangereux que le mien, j'accepte la condition, & oſeray bien demander au Ciel quelque miracle encore plus grand par le merite de ſes ſeruiteurs. Elle part donc au meſme temps, & ſe fait mener vers le S. Pontife. Mais l'aſstance de ceux qui luy presterent la main pour aller, ne luy fut plus necessaire quand il s'en fallut reuenir. Comme par la grace de Dieu& l'intercession du Saint, elle auoit recouuré la veuë, elle n'eut plus besoin de guide, & se reconduisit elle-mesme.

Ce Miracle au reste si sensible, si palpable & si euident, fit conceuoir à Hermés & à toute sa famille, l'esperance d'vn second encore plus considerable en la personne de son Fils; Et cette esperance ne fut point vaine, parce que la bonté de celuy qui par le moyen de son seruiteur venoit d'éclairer vne Aueugle, voulut encor à sa priere redonner la vie à vn mort, & rendre ce jeune Seigneur aux vœux & aux souhaits de son Pere. Ce fut aussi à ce grand prodige que luy mesme se rendit, & qu'il donna enfin gloire à Dieu. Ce fut à ce coup du Ciel, qu'il s'écria hautement qu'il vouloit estre

Chrêstien, & que se jettant humblẽment aux pieds du Pape S. Alexandre, apres mille actions de graces pour la vie de son cher Fils, il luy demanda pour remerciement vne nouuelle faueur, en luy accordant le Baptesme. C'estoit en effet le plus obligeant & le plus sensible compliment que peût offrir sa reconnoissance au gré de son Bien-faicteur. Son zele donc & sa pieté n'eut garde de luy refuser vne si agreable requeste. Il l'instruisit, il le baptisa, il en fit vn homme de lumiere & vn soldat de Iesus-Christ, prest à répandre son Sang, comme il fit, pour le maintien de sa Foy. Et parce que l'exemple du Maistre & l'euidence du Miracle gaigna encor toute sa maison, au nombre que nous auons dit de 1250. personnes; On compte ordinairement pour vne, & pour vne des plus remarquables la Sœur du nouueau Cóuerty, & tante du ressuscité, nôtre bien-heureuse Sainte Theodore.

Mais

Mais ſi j'oſe dire ce que i'en penſe, c'eſt peut-eſtre luy faire tort, que de la renfermer ainſi dans cette generalité; Et puis que les Autheurs anciens ne le diſent pas expreſſément, ny ne marquent ce poinct précis pour celuy de ſa Conuerſion; Et que d'ailleurs par ce qu'ils rapportent de la Nourrice du Fils du Prefect, nous voyons manifeſtement qu'il y auoit dés auparauant quelques Chreſtiens ſecrets qui eſtoient de ſa famille; Ce ne ſera pas ſans fondement que nous croirons pieuſement que Theodore la fuſt déja. En effet, comme ce ſexe eſt plus docile à la grace, c'eſt par luy auſſi que la Foy a bien ſouuent commencé ſes plus magnifiques conqueſtes, & que pour s'aſſujettir de grandes familles entieres, elle a premierement gagné des Ceciles & des Clotildes, pour gagner apres le reſte par elles. Ainſi probablement Theodore auoit eſté preuenuë du Ciel, & conuertie de plus longue main, trauailloit déja par ses prieres & par ses instructions à reduire aussi les autres. Peut-estre mesme que le discours de cette femme auecque son Maistre, que nous auons déja raporté, fut vne pieuse adresse concertée par nostre Sainte, qui par vn instinct special du Ciel, ménageoit cette occasion de la visite de Dieu, pour acheuer de gagner son frere, qu'elle auoit déja fort ébranlé, & de l'amener à la connoissance de celuy qui ne le frappoit par vne rigueur charitable, que pour le haster de venir à luy. Peut-estre aussi que ce fut elle qui luy inspira apres son Baptesme, ces hauts & genereux sentimens de perfection Chrestienne, le mépris des grandeurs du siecle, le dégoust de ses plaisirs, le retranchement du luxe, le dégagement des richesses, & le dessein d'imiter l'exemple du détachement & de la charité des premiers Fidelles, en resignant comme eux tous ses biens, qui estoient sans doute tres-grands, és mains du digne successeur de l'Apostre S. Pierre, pour les necessitez des Pauures, & la subuention de l'Eglise. Peut-estre encore que ce fut elle qui contre les fausses raisons & les vains discours des sages du monde, qui n'approuuoient pas ce grand changement de la pompe d'vn Prefect de Rome, luy fit conceuoir que l'abjection & la simplicité Chrestienne estoient preferables au vain éclat & à toute la splendeur des dignitez de la terre. Bref, peut-estre enfin que ce fut elle qui ayant eu beaucoup de part aux belles actions de sa vie, en peut encor justement pretendre au merite mesme de sa mort & de son glorieux Martyre, dont elle luy fit comprendre la gloire, & luy augmenta le desir par l'estime & par l'ardeur qu'elle en témoignoit elle mesme.

Mais ſoit que cette pieuſe Sœur imprimât à ce cher Frere ces vertueux mouuemens, ſoit qu'elle les reçûſt auec luy du zele & de l'inſtruction du bien-heureux Pape Alexandre ; La loüange de les auoir ſuiuis & de les auoir pratiquez auecque beaucoup de fidelité, eſt toûjours commune à l'vn & à l'autre ; Et cette pratique fidelle de tout ce que l'Euangile leur môntroit de plus parfait, nous doit maintenant donner pour tous deux autant de veneration, qu'elle donna ſans doute pour lors de ſujet de loüer Dieu, & d'edification à l'Egliſe, d'étonnement, de confuſion, de jalouſie & de haine aux ſuppoſts de l'Idolatrie.

De fait, vn ſuccez ſi auantageux de la Religion Chreſtienne, eut bien toſt porté au dernier excez la fureur des Preſtres des Idoles, qui ſe fortifiant du ſecours de l'enuie de quelques Grands jaloux de l'authorité & du credit du

Prefect, fist tant de bruit aux oreilles de l'Empereur Adrian, & mesla si bien l'interest d'Estat à celuy de leurs passions & de la superstition, qu'ils en extorquerent pour Aurelian la commission de pouruoir qu'il n'en arriuât point d'inconuenient.

Voila donc nostre S. Pape, voila nostre Illustre Prefect en prison. Sa Sœur en apprend la nouuelle, mais elle ne la surprend pas, elle s'y estoit preparée. Elle ne l'afflige pas non plus; C'estoit ce qu'elle auoit souhaité, comme sçachant bien quelle gloire c'est de souffrir ainsi à l'Apostolique pour vne si belle occasion. Elle rend donc graces à Dieu, qui auoit enfin jugé son Frere digne d'vn si grand honneur; elle s'en conjoüit auec luy & ses bienheureux compagnons, elle les visite en prison, & verse des larmes de joye & de consolation sur leurs fers. Que s'il y a dans ce rencontre quelque chose de dur pour elle, c'eſt que dans la reſolution auec laquelle elle eſtoit entrée de ne plus ſortir de ce lieu, de s'y declarer Chreſtienne & d'y accroiſtre le nombre des Martyrs de Ieſus-Chriſt, elle entend vne voix ſecrette qui luy dit au fonds de ſon cœur que ſon rang n'eſt pas encore venu, & que l'ordre de la Prouidence la differe pour vn autre temps. Oüy, c'eſt ce retardement & ce delay qui luy eſt ſenſible. C'eſt ſa geſne & ſon ſupplice, que de ne pouuoir pas ſi toſt eſperer l'hõneur du ſupplice ; Et dans cette ſainte impatience qui luy fait deſirer le Martyre, ce n'en eſt pas vn peu rigoureux de s'en voir defendre cette occaſion,

Il eſt vray qu'étant à Dieu & pour viure & pour mourir, & que s'agiſſant de ſa gloire en la conſeruation de cette pretieuſe conqueſte qu'il auoit faite en ſa maiſon d'vn ſi grand nombre de conuertis ; obligée qu'elle eſt d'auoüer qu'il n'étoit pas à propos d'exposer ainsi leur foiblesse sans support & sans appuy à la persecution, elle consent en leur faueur de se faire violence dans vn desir d'ailleurs si loüable; Sur le poinct de recueillir la couronne de sa Foy, elle veut bien auparauant faire couronner celle des autres, & retarder son propre triomphe, afin d'auoir plus de loisir de les assister en leurs combats.

Elle souffre donc par cette raison que les Infidelles s'y trompent, & prennent seulement pour des marques du soin & de l'affection d'vne Sœur, les effets mesme de son zele & de sa ferueur Chrestienne. Si on la voit tous les jours faire des visites en prison, si on la voit mesme quelquefois paroistre deuant les Iuges & au milieu des Bourreaux, bref, dans tous les bons offices dont sa charité tâche à soulager l'incommodité & la peine de ces Prisonniers de

Iesus Christ, elle souffre que l'on die que c'est Theodore qui rend à son Frere les deuoirs ou la Nature & ou le sang l'obligeoient, sans faire connoistre que c'est la grace qui l'oblige à rendre à des Martyrs ce que le merite de leur Foy & de leur confession exigeoit d'vne personne qui auoit l'honneur d'en sçauoir le prix, & qui enuioit leur bonheur.

Au reste, dans ce déplaisir d'estre separée de leur compagnie, & de ne pouuoir encor auoir part à la gloire de leurs souffrances, elle ne laisse pourtant pas de receuoir de temps en temps des consolations notables. Car pour ne point parler de celle que luy deuoit causer chaque jour le succez auantageux auec lequel elle cultiuoit ces plantes encore tendres, qui auoient esté par la Foy heureusement transferées du Seminaire de sa famille dans le jardin de l'Eglise: Ce luy en fut certes vne bien douce, & qui

qui la ſurprît agreablement, lorſque viſitant vn jour ſon Frere, elle trouua que de ſon Concierge il en auoit fait vn compagnon & vn aſſocié de ſes fers. C'eſtoit le Tribun Quirinus, qui enſuite d'vne longue & memorable conference qu'il eut auec le Prefect, ne ſe laiſſa pourtant gaigner que par deux inſignes Miracles; Par l'vn deſquels le Pape Alexandre au trauers de trente verroüils & de trente portes cadenacées, ſortit du profond de ſon cachot, ſelon le défy du Tribun, & ſe vint rendre en celuy ou il eſtoit auecque Hermés, afin de reſoudre ſes doutes, & de refuter ſes objections. Le ſecond fut la gueriſon de ſa fille vnique Balbine, qui cruellement affligée qu'elle eſtoit des écroüelles, en fut ſoudainement déliurée à la priere de ce S. Pontife, & par l'attouchement de ſes fers.

Cette conuerſion donc & du Pere & de la Fille, remplit de joye noſtre

Theodore ; Mais elle en reçût quelque temps apres vn ſurcroiſt conſiderable, lors que cette ſage guerie, & qui n'étoit bien aiſe de l'eſtre que pour s'offrir plus entiere & plus belle à Ieſus Chriſt, preſſentant ſon Martyre proche, reſigna à cette chere & fidelle ſœur & compagne, ces meſmes chaiſnes du bien-heureux Pape, par l'attouchement deſquelles elle auoit eſté nettoyée, auec celles de S. Pierre, que ce glorieux ſien ſucceſſeur luy auoit depuis fait recouurer ; Chaiſnes que la pieté de la Sainte reçût les vnes & les autres auec vn reſpect tout entier, & promeſſe que ſi le Ciel luy faiſoit jamais l'honneur de l'appeller à ſon tour, elle tâcheroit de remettre ce pretieux & riche dépoſt en des mains encore plus dignes, pour le conſeruer à l'Egliſe, & à la veneration des Fidelles.

Ce luy fut encor vn autre ſujet de grãde cõſolation, quand dans l'apprehenſion qu'elle auoit juſtement conçuë, que l'effroy & l'épouuente ne cauſaſt peut-eſtre quelque deſordre & quelque diſſipation au troupeau, quand on frapperoit le Paſteur, en faiſant mourir S. Alexandre; elle vid tout au contraire, que l'exemple de la conſtance que ce Pere commun des Fidelles fit paroître en ſon Martyre, ne fit peur qu'à ſes Bourreaux, & remplit tous ſes enfans de reſolution & de force; Sur tout lors que le Tyran qui ſe croyoit mépriſé de le voir comme inſenſible au milieu de tant de tourmens, & luy demandant raiſon de l'inſult qu'il ſembloit faire à ſa cruauté, de ne daigner pas meſme s'en plaindre, *Habere enim ſe reſpondit quod cum Deo loqueretur*, Quoy, dit il, I'ay icy l'honneur de m'entretenir auecque Dieu meſme, qui me parle au fonds de mon cœur, & jaurois encor de l'attention pour ce que les hommesme peuuent faire, ou pour ce qu'ils me peuuent dire? Non, non, cela ne ſe peut, & ce grand objet merite trop toute mon application pour m'en laiſſer encore de reſte pour quelque autre choſe que ce ſoit.

Mais quoy que ces conſolations fuſſent grandes pour noſtre Sainte, il n'y en eut pourtant point qui la touchât ſi ſenſiblement, que de voir enfin le combat & le triomphe de ſon cher Frere. Cõme la grace n'empêchoit pas qu'elle n'y prît comme ſœur vn intereſt plus particulier, ce fut quand il parut ſur les rangs, qu'elle ſentit auſſi dans ſon cœur vne émotion plus douce & vne inquietude plus tendre. Que ſi par ce charitable motif que nous auons déja touché, de ſe conſeruer pour les autres, elle ne ſe preſenta pas pour luy tenir compagnie, elle l'anima du moins au combat par ſa preſence & par ſes regards, & ſolemniſa ſes victoires par des torrens de larmes de joye, dont l'erreur trompée des Payens, qui ne les attribuoient ſimplement qu'à la Nature, ne connoiſſoit pas la hauteur & la nobleſſe de la ſource; Puis ayant enfin recouuré ſon Corps victorieux des tourmens (malgré la vigilance des Gardes & l'ordre inhumain d'Aurelian, qui luy vouloit meſme rauir l'honneur de la ſepulture) Elle l'enterra bien plus juſtement que les anciens peuples de Thrace ne faiſoient autrefois leurs morts, auecque pompe & ſolemnité, auec allegreſſe & magnificence.

Cependant elle continuë d'appliquer ſon ſoin & ſon zele à cultiuer l'eſprit de la Foy & l'inſtinct du Chriſtianiſme dans les Fidelles de ſa connoiſſance, & à leur inſpirer fortement les ſentimens de courage & de generoſité que la cruauté de ces temps-là leur rendoit ſi neceſſaires. Mais animant ainſi les autres à la palme & à la couronne, il étoit juſte qu'elle même y fût auſſi appellée. Le Ciel donc exauçãt les vœux les plus ardans de ſon cœur, luy permet enfin d'adjoûter à tant d'exemples Heroïques qu'elle auoit donnez en ſa vie, vn encore plus Heroïque dans la fermeté & dans la conſtance de ſa glorieuſe mort.

Il faut neantmoins auoüer que par laquelle que ce ſoit des differentes raiſons que nous en auons marquées cy-deſſus, Nous ne ſçauons rien de certain ny du moyen de ſa priſe, ny de la durée de ſa priſon, ny du genre de ſon ſupplice. Seulement les Martyrologes qui mettent le Martyre du Frere le vingt & huit-iéme jour d'Aouſt, marquent encor celuy de la Sœur au premier d'Auril enſuiuant, l'an cent trente deux de noſtre Seigneur, ſans en ſpecifier autrement ny la maniere, ny les circonſtances.

Comme donc ie ne voudrois pas tomber au defaut des Enfans des hommes, ny diminuer les veritez, comme leur reproche vn Prophete, en affoiblissant ces grands prodiges, dont les bons Autheurs anciens nous témoignent que la Prouidence a quelquefois voulu signaler la mort de ses Seruiteurs, quoy que ie n'ignorasse pas que cela pourroit donner sujet au blaspheme & à la risée des libertins & des Heretiques : Aussi quand ce témoignage nous manque, il n'est ny loüable ny permis de rien feindre de soy-mesme, ny de rien supposer de tel, quand il n'y auroit que de bonnes ames dont la pieuse simplicité ne seroit pas pour le contester.

Quoy, pensez-vous que Dieu soit foible, representoit autrefois le S. homme Iob à ses amis, ou qu'il ait besoin de vos mensonges pour faire valoir sa verité ? *Nunquid Deus indiget mendacio vestro, vt pro eo loquamini dolos* ? Et ferions-nous cette injure aux Saints de croire que leurs vertus & leurs merites effectifs cussent besoin d'aucun artifice ou d'aucun Miracle supposé, pour les rendre plus recommandables, & pour attirer nos respects & nostre veneration? Ainsi pour conclusion de ce que j'ay pû recueillir de de la vie & des vertus de la bien-heureuse Sainte Theodore, ne trouuant rien de sa mort, sinon ce qui s'en peut dire de plus glorieux & de plus illustre, qui est qu'elle la souffrit pour le Nom de Iesus Christ; Ie n'ay garde de m'auancer d'en rien dire de plus précis ny de plus particulier.

Pour finir donc en vn mot, mais en vn mot qui comprenne tout, *Appellabo Martyrem, Et prædicabo satis*, Ie l'appelleray Martyre, à l'imitation de S. Ambroise au sujet de Sainte Agnés; Et dans la briéueté de ce mot, j'auray renfermé le sujet d'vn ample Panegyrique. *Prolixa quippe laudatio, quæ non quæritur, sed tenetur.* C'est vne assez grande loüange que celle qui n'a point besoin de recherche,

recherche, qui n'a point besoin de discours ny d'exaggeration pour faire comprendre son merite; Qui s'offre d'abord à l'intelligence & à la notion d'vn chacun, & qu'on ne sçauroit exprimer par vne parole seulement, sans former vn grand Eloge. *Quot homines, tot præcones, qui Martyrem prædicant, dum loquuntur.*

Au reste, la pieté & Religion des Fidelles, mais particulierement de ceux qui auoient tant d'obligation à cette bonne Maistresse, n'ayant eu garde de manquer à luy rendre les derniers deuoirs & l'honneur de la sepulture, ils en rechercherent le Corps auec soin, & l'inhumerent ensuite auecque beaucoup de respect & de ressentiment de leur perte, auprés de celuy de son cher Frere, leur aimable Maistre, Hermés. Ainsi depuis ce long espace de plus de quinze cens ans, Rome la Sainte & la Chrestienne possedoit ces glorieuses

& venerables Reliques, dont la cruauté de Rome encore Idolatre & infidelle, l'auoit deslors enrichie. Mais comme ces heureuses terres qui produisent l'or & les perles, ne retiennent pas ces thresors, que la Nature aussi ne leur donne qu'à dessein de les répandre, & pour secourir la necessité & l'indigence des autres; De mesme cette grande Ville, à qui c'est peu de loüange qu'on y marche sur des Pierres qui estoient peut-estre autrefois les Dieux de Cesar & de Pompée, mais à qui c'est vne gloire & veritable & solide, qu'il n'y ait point eu de prisons qui n'ayent esté sanctifiées par vne infinité de Martyrs, qu'il n'y ait point d'amphiteatres, point de places ny de ruës qui n'ayent esté honorées du spectacle de leurs combats & du spectacle de leurs victoires, Point de Cimetieres enfin ny de cauernes soûterraines, qui n'ayent esté autrefois les fauorables depositaires de tes restes pretieux de tāt de saints Corps dechirez & mis en pieces pour Iesus-Christ: Cette Ville, dis-je, ainsi opulēte de ces dépoüilles venerables qu'elle conserue pour le Ciel & pour l'immortalité, ne les garde pas cependant si singulierement pour elle, qu'elle n'en fasse encor part aux autres, & ne cōmunique de son abondāce selon qu'il arriue que le besoin ou la pieté l'y cōuient.

C'a donc esté celle des Dames du Monastere de Sainte Vrsule, qui a procuré depuis 16. mois à cette Ville de Caen la part si auantageuse que celle-là leur a faite de ces Thresors spirituels, par le don entre autres du S. Corps de cette bien-heureuse Martyre. Car vn excellent Religieux, que la charge qu'il soûtenoit tres-dignement en son ordre, auoit pour lors appellé à ce centre du Christianisme, ayant porté aux pieds du S. Pere le Pape Alexandre 7. les humbles deuoirs & respects de ces vertueuſes Filles, & luy ayant demandé pour elles auec ſa benediction, quelque portion de tant d'aimables & pieux Threſors, pour enrichir leur Egliſe & enflámer leur deuotion; Ce digne ſucceſſeur du Nom auſſi bien que des vertus & de la Chaire de celuy qui gaigna autrefois à Dieu le cœur de Sainte Theodore, luy en accorda le Corps pour ces Dames, par vn choix certes auſſi juſte & auſſi auantageux, qu'il y auoit de pieté & de modeſtie en leur requeſte. Car quel preſent plus conuenable que le Corps d'vne Vierge à des Vierges? le Corps d'vne Sainte Martyre, à celles dont la Religion doit faire autant de Martyres? Et le Corps enfin d'vne Sainte, eminente en l'efficace de cultiuer l'eſprit de la Foy, à celles qui ſe deuoüent & ſe conſacrent ſpecialement à ce religieux employ?

Quand donc la choſe auroit eſté en leur diſpoſition, elles n'euſſent ſçeu mieux rencontrer, que le S. Pere a choisi pour elles. Mais côme ce n'est pas elles seules qu'il a obligées par ce present : Toute cette Ville est aussi entrée en part de leur obligation, & ayant déja fait éclatter sa reconnoissance & sa joye par la reception pompeuse de ces venerables Reliques, elle continuë de se faire voir digne des faueurs du S. Siege, & de la protection de cette bien-heureuse Martyre, par le zele & l'affection dont elle celebre sa Feste, & fait mesme vne solemnelle & particuliere memoire du jour qui l'a mise en possession de ce glorieux & noble dépost.

APPROBATION.

NOVS sous-signé Docteur en la sacrée Faculté de Theologie, certifions auoir veu, leu & examiné *Vn Discours sur ce qui se trouue de la bien-heureuse Sainte Theodore Vierge & Martyre, Composé par M G Marcel Prestre Curé de Basly*, auquel nous n'auons rien trouué qui ne soit conforme à la Foy orthodoxe de l'Eglise, & aux bonnes mœurs. En témoignage dequoy nous auons signé aujourd'huy vingtiéme de Decembre mil six cens cinquante-sept.

A. LE MARCHAND.

APPROBATION.

BIEN que la Vertu des Martyrs qui ont perdu la Vie pour maintenir la Religion Chrestienne, tire son approbation d'elle mesme, & que les bien-heureux Lauriers dont la main de Dieu les a couronnez, apres auoir versé leur Sang & remporté tant de Victoires à son occasion, composent leurs trophées & leurs plus precieuses loüanges ; Neantmoins la part que ie prends à la gloire de la benite Theodore, dont l'Histoire est icy décrite, m'oblige de mêler ma voix à celle de toute la Ville, & de rendre à ses sacrées cendres ce petit signe de mon culte. L'Autheur qui dit ce qu'elle a teu, & qui découure dans cet Ouurage les raretez de sa Vie cachée, est considerable par tout. Mais comme les objets eminents éleuent infiniment l'esprit, le sien s'est si fort surpassé, en representant les merites de nostre grande Sainte, qu'on peut juger de leur grandeur par son éleuation, & confesser que le Genie de cette incomparable Vierge luy a reuelé ce qu'il en a écrit. Ie n'ay jamais veu l'agreable & l'vtile si bien meslés dans vn stile Chrestien, les graces y sont toutes nuës, le doigt de Dieu s'y fait sentir, la vigueur & la pureté de son expression ne se gaignent point dans les Liures, mais à l'Ecole de la Sagesse, qui a sa Chaire dans le Ciel & au millieu du cœur humain ; Ce ne sont point des paroles muettes, peintes sur le papier, elles ont esprit & vie, & passent jusqu'au fonds de l'Ame : On y void l'air & la candeur des premiers Siecles de l'Eglise, où l'on n'étudioit que Iesus-Christ crucifié, ou sa grace ne se communiquoit qu'aux humbles, & ou la sagesse du Siecle estoit confonduë par la folie de la Croix. Il parle enfin si dignement à la loüange du Martyre & des Vertus de nostre Sainte, que c'est auec bien de la joye que ie souscris à ce qu'il en a dit, & que j'exhorte tout le monde à profiter de cet Eloge, ou ie n'ay rien veu de contraire aux sentimens de l'Eglise Romaine, ny qui choque les bonnes mœurs. C'est le témoignage public qu'en rend le sous-signé Docteur en Theologie, Chancelier de l'Vniuersité de Caen, & Curé de Percy, ce vingt-vniéme jour de Decembre mil six cens cinquante sept.

THO. DAVGE.

www.ingramcontent.com/pod-product-compliance
Ingram Content Group UK Ltd.
Pitfield, Milton Keynes, MK11 3LW, UK
UKHW012107240726
13965UKWH00004B/1614

9 782013 038584